Neli Neidr

Gwawr Maelor

Arlunwaith gan
Anne Lloyd Cooper

caa
Prifysgol Cymru Aberystwyth

Cyhoeddwyd gan **Y Ganolfan Astudiaethau Addysg**, Aberystwyth gyda chymorth ariannol Awdurdod Cymwysterau, Cwricwlwm ac Asesu Cymru.

ISBN: **1 85644 838 X**
         1 85644 840 1 (cês)

Diolch i Sali Davies, Jean Drew, Catrin Griffiths a Delma Thomas am eu harweiniad gwerthfawr.

Golygwyd gan Delyth Ifan

Dyluniwyd gan Richard Huw Pritchard

Argraffwyd gan Y Lolfa

Gw2758 013A

3

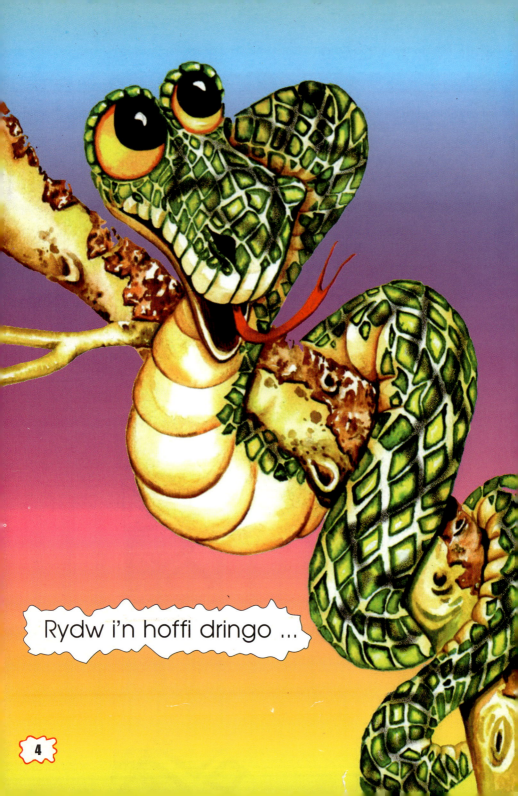

Rydw i'n hoffi dringo ...

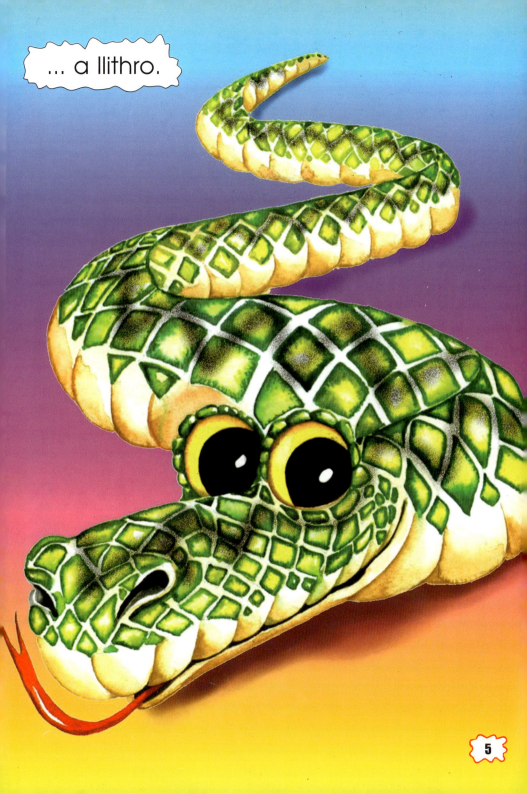

... a llithro.

5

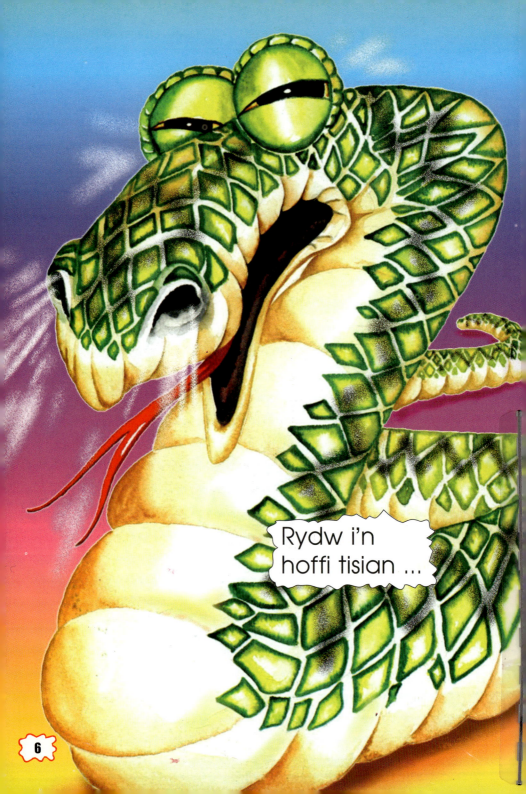

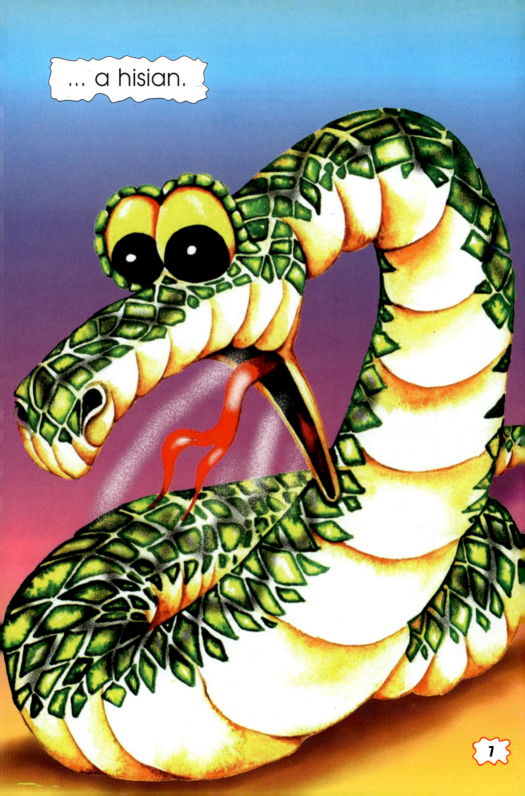

... a hisian.

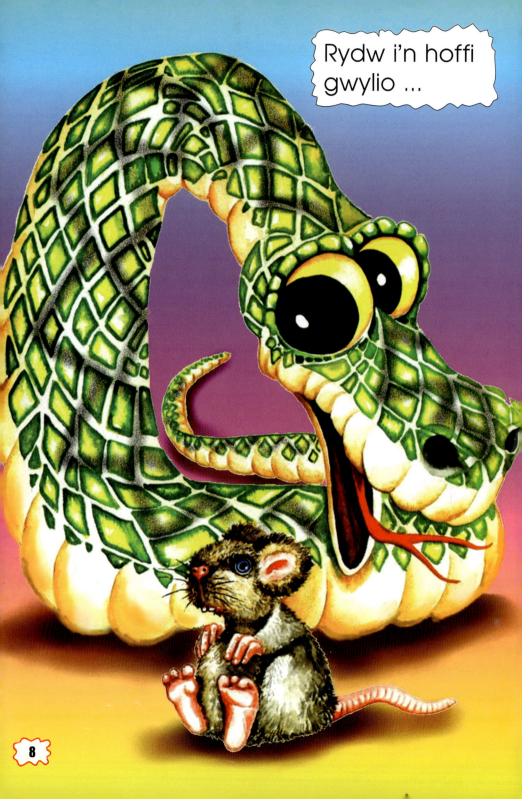

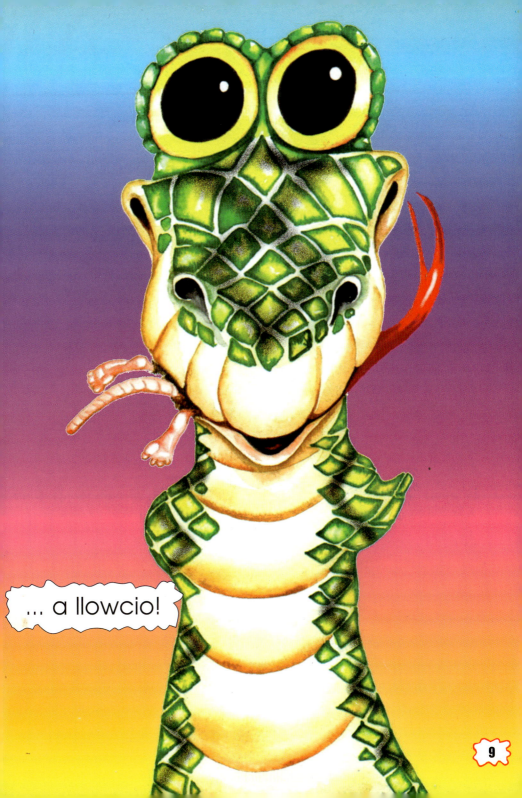

... a llowcio!

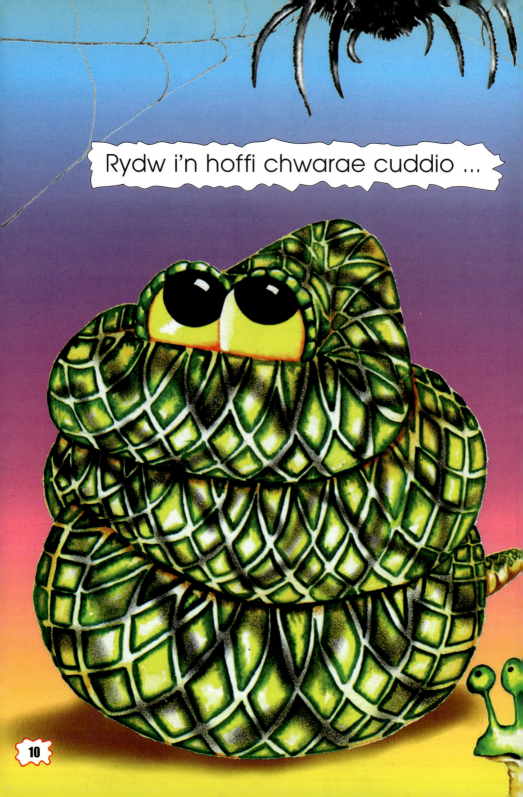

Rydw i'n hoffi chwarae cuddio ...

10

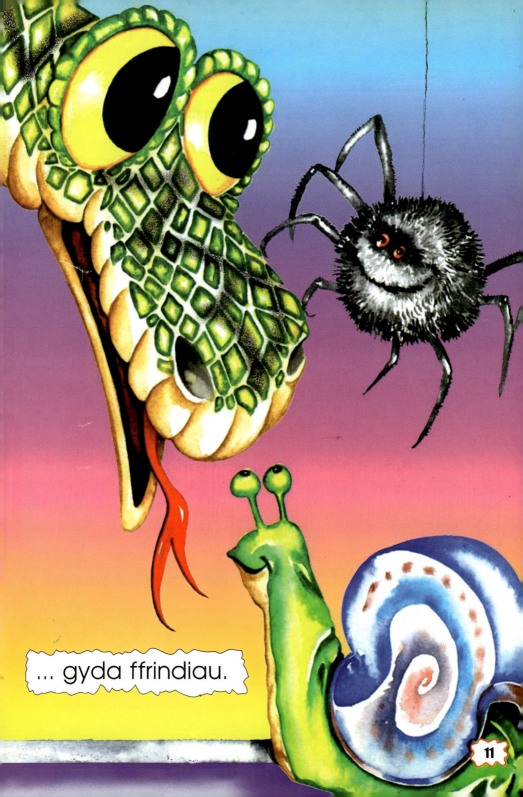

... gyda ffrindiau.

Ond dydw i ddim yn hoffi byw mewn tanc.

12